U0611909

了不起的
非遗

武汉市档案馆
武汉广播电视台
武汉市文化和旅游局
编

青少版

长江出版社
CHANGJIANG PRESS

图书在版编目（CIP）数据

了不起的非遗：青少版 / 武汉市档案馆，武汉广播电视台，
武汉市文化和旅游局编.—武汉：长江出版社，2019.7
ISBN 978-7-5492-6622-7

Ⅰ.①了… Ⅱ.①武… ②武…③武… Ⅲ.①非物质文化遗产－
武汉－青少年读物 Ⅳ.①G127.631-49

中国版本图书馆 CIP 数据核字(2019)第 155431 号

了不起的非遗：青少版

责任编辑：朱舒
装帧设计：刘斯佳
出版发行：长江出版社
地　　　址：武汉市解放大道 1863 号　　　　　　　　　邮　　编：430010
网　　　址：http://www.cjpress.com.cn
电　　　话：(027)82926557（总编室）
　　　　　　(027)82926806（市场营销部）
经　　　销：各地新华书店
印　　　刷：武汉市金港彩印有限公司
规　　　格：710mm×1000mm　　　　1/16　　　11 印张　　　220 千字
版　　　次：2019 年 7 月第 1 版　　　　　　　2019 年 7 月第 1 次印刷
ISBN　978-7-5492-6622-7
定　　　价：32.80 元

（版权所有　翻版必究　印装有误　负责调换）

编委会名单

主　　任	李　涛	张明权	杨相卫	何　伟	
副 主 任	刘望云	吴　敏	杨　菁	刘　英	
编　　委	宋晓丹	王建军	夏涤平	王　丹	赵　冕
	刘敏智	张　欣			
学术顾问	刘守华	何祚欢	曾成贵	涂文学	林继富
	姚伟钧	刘文彦	刘茂平	董玉梅	

主　　编	刘望云	吴　敏			
副 主 编	宋晓丹	王建军	刘敏智		
执行主编	张　欣				
编　　辑	刘斯佳	宗　雯	任　淼	范铭佳	李泽洲
	陈　曦	王豫丰	刘甜甜	刘洁琼	
视频拍摄	杨　鹏	陈　辉	何海熊	廖祥宇	
剪辑包装	刘正斌	何　川	李　侠	刘泽丰	
配　　音	姜雪晴				

目录

了 不 起 的 非 遗

LIAOBUQIDEFEIYI

曲　艺

国家级非物质文化遗产

湖北评书

扫一扫
观看湖北评书视频

　　湖北评书是湖北地区的一种曲艺形式，主要流传于武汉、荆州、宜昌、孝感等地。明崇祯十六年（公元 1643 年），明将左良玉驻兵武昌，招江南说书大家柳敬亭为幕客，在军中说书。南派说书艺人将柳敬亭视作行业祖师，尊为柳祖。湖北评书即是在柳氏影响下发展起来的。

　　清道光末年以来，湖北先后出现了"童、王、刘、夏评书四杆旗""书坛五虎将"等一批评书表演艺术家，并产生了以容宗圣、陈树棠和江云卿为代表的三大流派。

　　当代评书艺术家何祚欢师从著名评书演员李少霆，取各派所长，敢于出新创新，创作表演的湖北评书《刀对鞘》《挂牌成亲》等，先后获全国曲艺调演一等奖。

湖北评书善于借助手势、身段、口技等动感表演和桌子、扇子、醒木、手帕等道具，模拟书中的各色人物，渲染气氛，表演者表现人物对话多使用通俗的民间口语，描述景物则常采用雅致的骈体。

湖北评书的书目十分丰富，大体可分两大类。一类是按小说底本讲述的"底子书"和在"底子书"基础上发展加工而成的"雪夹雪"，《三国》《水浒》《隋唐》《英烈传》《三侠八义十二雄》《奇女报国》等作品属于此类；另一类被称为"路子书"，《王莽忠孝图》《八门斗智》等作品属于此类。

湖北评书集古今文化之大成，在文学、语言、表演等方面均显示出鲜明的特色，其韵味、平仄，歌、赋、诗、词都具有很高的研究价值。

代表人物

何祚欢，1941年出生，湖北评书国家级代表性传承人，国家一级演员。代表作品有《杨柳寨》《挂牌成亲》《丑人李富生》《风雨送春归》等。何祚欢早年师承湖北评书名艺人李少霆，在学习和实践中继承传统、大胆创新，逐渐形成儒雅平和、书路宽广的艺术特色。

了不起的非遗

青少版

国家级非物质文化遗产

湖北大鼓

扫一扫
观看湖北大鼓视频

湖北大鼓原称"鼓书""打鼓说书""打鼓京腔""说善书"等，早在清代就已出现，由北方的"犁铧音"衍变而来。相传清同治年间，山东的鼓书艺人到武汉演出授艺，为便于本地人接受，遂改为湖北唱腔，曾在武汉、孝感、黄冈等地区流行。1950年，著名鼓书艺人王鸣乐倡议改称"湖北大鼓"，得到广泛响应，于是使用此名，并流传至今。

湖北大鼓以鼓板伴奏，说唱兼长，风趣幽默。其唱词以七字句、十字句为主，也穿插一些五字句。演唱主腔称为"四平调"，风格平稳朴实，具有鲜明的鄂东北民间音乐色彩，既能叙事，又能抒情，并可根据表达需要变化成"快四平""慢四平""诙谐腔""紧板急腔"等十余种不同板式、不同情绪的唱腔。唱腔虽不复杂，但富于变化，唱法上也各有风味，鼓、板敲击的轻重强弱与缓急快慢变换灵活。

湖北大鼓过去是一人自击鼓板演唱。从 1958 年起，演唱短篇曲目时，有二胡、三弦等乐器伴奏，以唱为主。演出中长篇曲目时不加弦乐，说唱并重。说唱时，常有手、眼、身、步的表演，演唱段落之间常会出现丰富多彩的鼓点牌子，令人耳目一新。

湖北大鼓在传承过程中，涌现出王鸣乐、陈谦闻、张明智等被专家和观众认可的大鼓艺术家和一批在全国性比赛中获奖的优秀作品。

代表人物

张明智，1943 年出生，湖北大鼓国家级代表性传承人，国家一级演员。代表作品有《亲生的儿子闹洞房》《如此媳妇》《农家乐》《找家家》等。张明智非常注重唱情，他的表演夸张，特别逗笑却不低俗。他广泛借鉴、学习相声、评书、小品的语言表达技巧，运用滑稽戏、独角戏等艺术形式的夸张手法，使节目生动、风趣。老年观众说他的演唱"味道足"，中青年观众夸他的演唱新鲜过瘾。他独特的嗓音和地道的黄陂腔调，在几代武汉人的耳边唱响。

国家级非物质文化遗产

湖北小曲

扫一扫
观看湖北小曲视频

　　湖北小曲原称汉滩小曲，主要流行于汉口、沙市、宜昌等长江沿岸一带，又叫外江小曲或汉滩丝弦，多以联曲体的结构形式演唱一些故事情节比较复杂的单折杂戏。天沔小曲主要流行于汉水一带的天门、沔阳、潜江、汉阳等地，又叫内河小曲，多以单曲体的结构形式演唱一些富有浓郁的地方生活气息的抒情小段。

过去，小曲艺人因天灾人祸，经常被迫奔走外乡，四处行艺谋生。水系交通的便利，使他们在艺术上得到交流。传统曲目及唱腔曲牌相互吸取，在长期的实践发展过程中，逐渐汇聚并融合。中华人民共和国成立以后，小曲流行和影响的范围不断扩大，汉滩小曲与天沔小曲被合称为"湖北小曲"。

湖北小曲的传统曲目比较丰富，大小曲目约200个。这些曲目的题材大多来自传奇、杂剧和民间故事。

湖北小曲是我国曲唱艺

术中具有代表性的一种，是湖北地方曲艺中音乐性较强、颇受群众喜爱的曲唱艺术。中华人民共和国成立以来，湖北小曲有了较大的发展，一直活跃在城乡舞台，丰富了人们的文化生活，其浓郁的乡土乡音，群众喜闻乐见的说、唱、弹、演的演出形式，深受城乡人民的喜爱，也深受海外同胞及国际友人的欢迎。

代表人物

何忠华，1946 年出生，湖北小曲国家级代表性传承人，国家一级演员。1960 年加入武昌曲艺队。1973 年调湖北省曲艺团。1989 年调湖北省曲艺家协会。演唱的湖北小曲《选妃》在 1982 年全国曲艺调演中被誉为"放了一颗卫星"，开创了湖北小曲说唱大书的先河，并获"全国曲艺（南方片）观摩演出"表演一等奖。曾主编湖北曲艺丛书《花影录》《弹唱与大鼓》《楚韵新曲》等。"喝着香片茶，听听何忠华"，是流传在 20 世纪六七十年代的一句俗语。她稳健的台风、出神入化的表演让每一位观众拍手叫绝，是红极一时的"小曲皇后"。

代表人物

　　姚俐玲，1976 年出生，湖北小曲省级代表性传承人。1998 年师从何忠华学习湖北小曲，以湖北小曲《嫂子颂》获湖北首届新人新作金奖。2004 年 6 月随文化部演出团访问日本，演唱湖北小曲《黄鹤楼》《小女婿》。其嗓音圆润、甜美，表演清新、大方。

湖北渔鼓

湖北省省级非物质文化遗产

扫一扫
观看湖北渔鼓视频

　　湖北渔鼓是在沔阳渔鼓的基础上发展起来的，主要流行于湖北武汉、天门、沔阳、潜江一带，源自唐以来的道情，传入湖北的时间约在清中叶，兴盛时期在清末，至清末民初时渐衰。中华人民共和国成立前夕，洪湖籍周忠全、黄玉堂等携渔鼓伴唱的皮影戏班来汉献艺，渔鼓才逐渐扎根武汉。1958年参加全国曲艺会演，定名"湖北渔鼓"。

　　湖北渔鼓的唱腔丰富多彩，有平腔、悲腔、鱼尾腔、琵琶腔、杂花腔等五类，传统唱腔里还保存有哭灵腔、观音腔等曲牌。唱腔的音乐结构是曲牌连缀体，各种曲牌可自行组成，并无曲头、曲尾的

要求。唱词有七字句、十字句和由五、五、七、五组成的五七句式三种，四句一番，出番可换韵。

目前湖北渔鼓的演唱已形成三种风格流派：平腔渔鼓以平稳、温柔、淳厚为特色，此为仙桃派演唱风格；高腔渔鼓以风趣、热情、高亢为特色，此为天门派演唱风格；而以秀美、深情、流利为特色的，则是潜江派的演唱风格。

湖北渔鼓的传统曲目十分丰富，反映冤案内容的最多，其次是演义或戏曲故事、民间传说等。传统曲目有《吕蒙正赶斋》《洪秀全》《谋考案》《十三款》等。

代表人物

　　陈世鑫，1942 年出生，湖北渔鼓省级代表性传承人。1962 年 7 月毕业于武汉市艺术学校后，开始从事说唱演艺工作。弹唱《湖北佬》获文化部群星奖评比优秀奖，湖北小曲《新婚之夜》、湖北渔鼓《竞赛新歌》获文化部、全总调演优秀奖，相声《婆婆多》获中央电视台荧屏奖，独角戏《楼上楼下》《哒哒嘀》《婆婆多》和弹唱《思念》等六个作品获省文化厅一等奖。

了 不 起 的 非 遗

LIAOBUQIDEFEIYI

传统戏剧

汉剧	国家级非物质文化遗产代表性项目
新洲皮影戏	武汉市市级非物质文化遗产代表性项目

了不起的 **非遗** 青少版

国家级非物质文化遗产

汉剧

扫一扫
观看汉剧陈派视频

扫一扫
观看汉剧吴派视频

　　汉剧，旧称楚调、汉调，又名楚腔、楚曲，初步形成于明代万历年间，清代嘉庆道光年间进一步成熟，至今已有近 400 年的历史。它流行于湖北，远及湘、豫、川、陕、粤、皖、赣、黔、晋等省的部分地区。

　　汉剧是以西皮、二黄为主要板腔体的地方戏曲剧种，剧目丰富，号称"八百出"。现尚存 650 余出，其中较流行的约 300 多出，主要取材于历史演义和传说故事，代表性剧目有《双尽忠》《两狼山》《生死板》《审陶大》《合银牌》《斩李虎》《宇宙锋》《闹金阶》《哭祖庙》《打花鼓》等。

汉剧的行当较为完整，共分十大行当：一末，即老生，唱做兼重；二净，即花脸，以唱功为主；三生，即正生，唱做兼重；四旦，亦称正旦，以唱为主；五丑，也称小花脸；六外，亦称外角，以表演（即做工）为主；七小，即小生；八贴，即花旦；九夫，即老旦；十杂，即架子花脸。

汉剧的唱腔有固定的程式，也有复杂的变化，同是一种调子，各类角色的唱法不尽相同。根据"本嗓""小嗓""边嗓"及"闭功"等不同的发声，各具特点。

汉剧在发展中先后涌现出众多杰出的艺术家，尤其是中华人民共和国成立后形成的吴（天保）派和陈（伯华）派表演艺术，代表了汉剧发展的高峰，在全国影响很大。

汉剧在中国戏曲史上影响并催生了京剧的产生。徽汉合流是以汉调为主，融合徽、昆、梆等剧精华在北京的地方化。

代表人物

胡和颜，1947年出生，汉剧国家级代表性传承人，国家一级演员。1959年在武汉市戏曲学校汉剧班学习汉剧表演，习汉剧"四旦"。1980年拜师陈伯华，先后主演陈派名剧《二度梅》《状元媒》《宇宙锋》等。饰演高夫人的新编历史戏《闯王旗》被摄制成电影戏曲艺术片。1991年，主演《二度梅》，获得第八届"中国戏剧梅花奖"。在唱功上，胡和颜讲究宽中藏秀、柔中含刚的声腔运用，广博众彩，形成了空灵清超、俊雅飘逸的演唱风格。

代表人物

　　程良美，1940 年出生，汉剧国家级代表性传承人，国家一级演员。1956 年考入武汉市戏曲学校，学习汉剧"三生"行表演。1959 年毕业后分配到武汉市汉剧团，拜吴天保为师。代表剧目有《哭祖庙》《四郎探母》《辕门斩子》《法门寺》《未央宫》《打金枝》等。其挺拔、高亢、豪迈、大气、深情的表演风格，深为观众所喜爱，是观众、专家公认的"吴派"表演艺术继承人。

了不起的**非遗**
青少版

新洲皮影戏

武汉市市级非物质文化遗产

扫一扫
观看新洲皮影戏视频

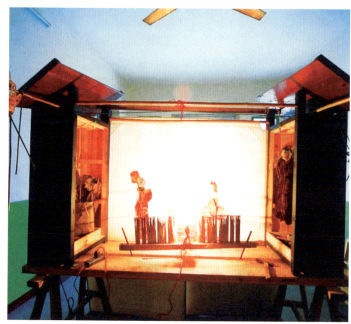

　　皮影戏，旧称"影子戏"或"灯影戏"，是一种用蜡烛或燃烧的酒精等光源照射兽皮或纸板做成的人物剪影以表演故事的民间戏剧，是我国民间广为流传的傀儡戏之一，距今已有两千多年的历史，是世界上最早由人配音的活动影画艺术。

　　新洲皮影戏是在新洲区广为流传的一种民间演唱艺术，皮影戏艺人主要分布在新洲区仓埠、汪集、旧街、徐古、邾城等地。

　　皮影戏的皮影由剪纸发展而来，开始时用纸剪成侧面人形和道具形状，后以半透明的皮革制作。皮影戏的演出剧本多为民间传统戏曲抄本，演出方法与现代皮影相似，即以灯光照射透明人物造型表演故事。演唱时由男子配唱，需表现女角色时，则用手捏住脖子挤出尖细高亢的声音，并用锣鼓等打击乐伴奏，演唱曲调充满当地乡土风味，十分吸引人。

　　新洲皮影戏经过不断创新和发展，剧本增加了现代题材，配唱增加了女声，伴奏增加了丝弦乐，演出从乡村稻场走上了城镇舞台，古老的民间演唱艺术焕发出青春的光彩。

代表人物

　　王仁波，1947年出生，新洲皮影戏市级代表性传承人。14岁拜高姓师父学习皮影戏，三年学艺后出师，开始登台表演。1983年荣获武汉市新洲县民间优秀艺人演出证。其高亢、抑扬的唱腔具有浓郁的地方特色和乡土气息，深受广大农村观众的欢迎。

了 不 起 的 非 遗
LIAOBUQIDEFEIYI

传统美术

武汉木雕船模

国家级非物质文化遗产

扫一扫
观看武汉木雕船模视频

WF 811

武汉木雕船模工艺的历史可追溯到汉代，近代木雕船制作始于宜昌。民国初年，宜昌艺人龙启胜开设小作坊从事木雕船制作，经过几代人的传承发展，逐渐形成独具特点的船模技艺。龙启胜之子龙云华生于1902年，自幼聋哑，随父亲学做木家具和各种雕花、梭花和木刻船。1936年，龙云华于隆中路设"龙鸿兴玩船厂"，

专门制作一些有地方特色的木雕小船。

1939 年，龙云华为法国兵船"小钢箭号"及"柏年""都大"两艘炮舰制作模型。这些作品传至异域，使得"龙哑巴"扬名海外，求购者接踵而至。1959 年 12 月，龙云华与其子龙从发由湖北省委奉调武汉市百花工艺雕刻厂，专为北京人民大会堂湖北厅制作摆件"大柏木鼓船"和"端午龙舟"，从此，木雕船模落户武汉。

在祖辈传承的基础上，龙从发结合自己多年的实践经验和创新成果，形成了一套独特的龙氏木雕船模制作工艺体系。"镂空精梭"和"精工制模"是全套技艺的精髓。

20世纪七八十年代，武汉木雕船模硕果累累。1978年，"湖北古船""镇海宝舟"等作品参加全国工艺美术展览会，并被选送到美国、法国、新加坡等国展出，备受赞叹。1986年，"郑和宝船"荣获"中国工艺美术品百花奖"优秀创作设计二等奖，并被荷兰海洋博物馆收藏。1987年，作品"东海龙舟"作为礼品赠送给友好城市杜伊斯堡。1988年，复古战舰"隋代五牙战舰"由中国军事博物馆永久收藏。龙从发与其子龙勇创作的"龙凤舫""镇海神舟""隋代大龙舟""明代画舫"等相继被浙江舟山博物馆、浙江嘉兴船文化博物馆、中国艺术研究院等各级机构收藏。

中 国 工 艺
国家级非物质文化遗产项目木雕

大　师

...发与长子龙勇共同制作

代表人物

　　龙从发，1938年出生，武汉木雕船模国家级代表性传承人，中国工艺美术大师。12岁随父学艺，70年来，继祖源而无束缚，掌握了形神兼备的船模绝技。龙从发所做的木雕船模样式达到100多种，由简洁到繁缛，由质朴到华丽，展现了其在数十年手艺生涯中审美观念和制作技艺演变与提高的过程。

代表人物

　　龙勇，1968 年出生，龙从发之子，武汉木雕船模市级代表性传承人，湖北省工艺美术大师。精通木雕船模的镂空精梭技艺，并将现代科技、现代元素融入木雕船模的创新创作。

国家级非物质文化遗产

汉绣

扫一扫
观看汉绣视频

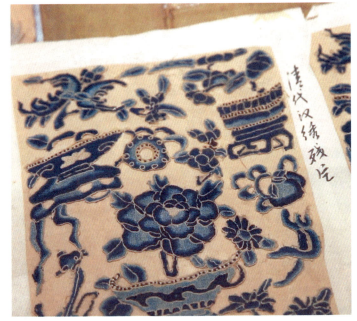

汉绣是流行于湖北武汉、荆州一带的传统刺绣艺术，始于汉，兴于唐，盛于清。武汉地区作为古楚之地，为汉绣的发展提供了特殊的地理环境和文化土壤，石首市绣林镇、洪湖市峰口镇一带的绣花堤和汉口的绣花街等皆因刺绣集中而得名。

清嘉庆年间，汉绣初见于江夏（今武昌），次传于夏口（今汉口）。咸丰年间，汉口便设立了织绣局。光绪年间，汉口万寿官（今武汉市第七中学）一带有绣货铺 32 家，形成一条远近闻名的"绣花街"，武昌一带甚至有"无女不绣花、无男不驾船"的民谚。

根据《夏口县志》记录，1910年武昌汉绣品就在南洋赛会获得金奖；1915年，又在巴拿马国际博览会上再次夺金。这种兴盛景象延续了很长时期，直到1938年日军侵占武汉时，将绣花街烧毁，汉绣才日趋凋零。至中华人民共和国成立前夕，仅存汉口万寿街9家绣花铺还在勉强维持。

汉绣以楚绣为基础，融会南北绣法之长，逐渐形成以铺、压、织、锁、扣、盘、套为主要针法，平金夹绣为主要表现形式的刺绣艺术体系。根据绣品不同的质地和花纹，刺绣时需灵活运用各种针法，下针果断，讲究图案边缘的齐整即"齐针"，讲究分层破色的层次感和立体感。

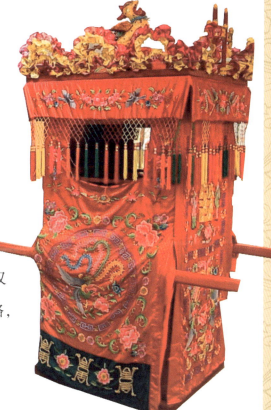

汉绣绣品主要分为四大类：民俗生活用品、宗教文化用品、装饰用品和汉绣戏衣。

汉绣以其独特的艺术表现形式，处处流露出楚风汉韵，在中国刺绣园地里自成一格，大放异彩。

代表人物

　　任本荣，1935年出生，汉绣省级代表性传承人，湖北省工艺美术大师。出生于汉绣世家的他，12岁拜在绣铺老板胡品阶门下，精通汉绣的剪样、画活、配色、刺绣、成装等全套工艺流程，是绣花街上最后一代传人。任本荣一直致力于汉绣资料的抢救和整理工作，现已整理出2000余件（种）资料，并为香港、澳门回归和中华人民共和国50周年绣制了三大挂件，与精制汉绣花轿一并被收藏于武汉博物馆。

代表人物

　　姜成国，1955年出生，汉绣市级代表性传承人。原武汉市戏剧用品厂职工，早年曾参与武汉地区汉剧、京剧传统戏剧服装的设计和制作。个人创办工作室后，坚持汉绣的设计和制作，10多年来，承接了湖北省及武汉市各类剧团的戏剧服装、舞台装饰用品的设计制作，并带领一部分老艺人延续汉绣戏剧服装及相关产品生产。

代表人物

王燕，1967 年出生，
汉绣市级代表性传承人。
从小跟随母亲学习刺绣，
后在汉绣大师黄圣辉、胡
绍珍的指导下学习汉绣，
绣制的传统图案"二龙戏
珠""龙凤呈祥""凤戏
牡丹"等具有较高的艺术
观赏性。

了不起的非遗 青少版

绿松石雕

湖北省省级非物质文化遗产

扫一扫
观看绿松石雕视频

绿松石，又称"松石"，因其"形似松球，色近松绿"而得名。作为一种优质玉材，在中国清代以前，绿松石又被称为"甸子"。其色泽淡雅绚丽，是深受古今中外人士喜爱的传统玉石。绿松石雕刻是指天然绿松石经艺术加工而成为玉雕工艺美术品。

远在4000年前，我国妇女佩戴的装饰中，就有了用绿松石制成的坠子和耳环。在商代的铜器、漆器花纹中，嵌有绿松石。唐代文成公主进藏时，随身携带大量绿松石饰物，用以装饰西藏拉萨

著名的大昭寺。

　　湖北绿松石雕结合绿松石体态活泼、软硬度不同、颜色艳丽等特点，设计创造出多种人物形象及风景、故事等著名作品。在雕刻技法上结合了我国大江南北玉雕的风格，下刀干净利落，清晰简练，线条纤细入微，在造型结构上讲究饱满、完整，生动而新颖。

代表人物

　　袁嘉骐，绿松石雕省级代表性传承人，中国工艺美术大师，中国玉石雕刻大师。代表作品有《佛光普照》《大爱如天歌》《武当朝圣图》《日出而作》等。他的作品气势恢宏，刀斧酣畅，突破一般玉雕面面俱到的章法，巧妙凸显玉石原石之美，并综合了诗、书、画、印、文学等元素融入玉器，用大美学提升玉器的艺术品位。

　　最近几年，袁嘉骐一直致力于在高校推广玉雕专业，希望绿松石雕这门传统工艺可以跟美术理论知识进行深入的融合，从而得到更好的传承和发展。

竹雕（新洲竹雕）

湖北省省级非物质文化遗产

扫一扫
观看新洲竹雕视频

　　竹雕也称竹刻，是在竹制的器物上雕刻装饰图案和文字，或用竹根雕刻成陈设摆件。竹雕自六朝始，直至唐代才逐渐为人们认识，并受到喜爱。竹雕早期通常是将宫室、人物、山水、花鸟等纹饰，刻在竹器上。

　　在历代文人雅士眼中，竹、木、牙、角四种传统雕刻工艺，竹雕排在首位，也是最难的，其下刀常在指发之隙、倏忽之间，每一刀的力道与分寸皆可谓牵一发而动全身，若说作画者是成竹在胸，那么竹刻则应当是成画在心。

　　目前存世的竹雕作品很少，所见的多为明清两代

的传世品。明代的竹雕风格大多浑厚质朴，构图饱满，刀工深峻，而且线条刚劲有力，图案纹饰布满器身。清代前期的竹雕制品带有明代的遗风，但表现技法更为丰富多样，浅刻、浅浮雕的技法并用。雕刻作品有的雕刻简练、古朴大方，有的精工细作、纹饰繁密、变幻无穷，雕刻的方法主要有阴线、阳刻，圆雕、透雕，深浅浮雕或高浮雕等。

2013 年 10 月 22 日，经湖北省人民政府批准，竹雕（新洲竹雕）被列入湖北省第四批省级非物质文化遗产名录。

代表人物

　　徐海清，1969 年生，竹雕（新洲竹雕）省级代表性传承人，湖北省工艺美术大师。其祖上五代均为木工手艺人，他耳濡目染，少时便对画画、雕刻产生浓厚兴趣。20 世纪 90 年代，徐海清开始涉足竹雕，其竹雕作品具有明清时期的雕刻风格，在线条的深浅、粗细、浓淡，流动、飞扬等处理上均恰到好处。其代表作品有《麻袋硕鼠》《竹林七贤》《九凤朝阳》《西园雅集》《普天和谐》《探春》等。

武汉黄陂泥塑

湖北省省级非物质文化遗产

扫一扫
观看武汉黄陂泥塑视频

　　黄陂泥塑是以泥巴为主要原材料，以农民为主体，社会各界广泛参与的群众性传统美术雕塑活动。

　　据史料记载，从隋朝开始，黄陂李集、泡桐一带寺、庙、观、庵，星罗棋布，供奉的尊神数以万计。这些神像中的绝大多数由泥塑而成，因此造就了大批泥塑艺人。清末，逐步发展到塑制生活中的人物和动物等。

　　汉阳归元寺罗汉堂的五百罗汉和湖北武当山、木兰山、河南鸡公山、洛阳白马寺的神像、佛像都是泥塑的代表作品，至今已有 1400 余年历史。

　　黄陂泥塑的价值和影响在于它的表现形式和内容蕴藏着各个历史时期的政治、经济、宗教、文化、生产、生活等诸方面的信息，对研究不同时期的民族优秀传统、习俗有着重要的参考价值；它宣扬忠、孝、廉、节、义、智、信和真善美等健康向上的主题，给人们以启迪和教益，对弘扬爱国主义，促进社会进步和谐，发展经济和传承、弘扬、丰富民间民族传统艺术宝库，美化社会，活跃人民群众文化生活，都起到积极的推动作用。

代表人物

　　梅俊先，武汉黄陂泥塑市级代表性传承人。1948 年出生，1973 年开始参加黄陂农民泥塑活动。1976 年在黄陂县泥塑工艺厂担任技术厂长。曾参与过多种泥塑作品的设计制作工作。作品手法流畅、细腻，造型丰满。其作品《欢庆解放》曾被当时国内唯一涉外刊物《人民中国》刊用。2017 年 3 月，其作品被湖北省档案馆收集进馆，永久保存。

武汉木雕

湖北省级非物质文化遗产

扫一扫
观看武汉木雕
（邓道航）视频

扫一扫
观看武汉木雕
（万正兰）视频

作为一项民间雕刻艺术，木雕被誉为"精细木工"，从一块粗犷的木料到一件精致的木雕作品，需要经过构图、打胚、雕刻、修光、打磨等一系列复杂的工序。

武汉木雕的起源可追溯至东周及楚汉时期，1978年湖北通县（今通山县）、江陵县先后出土了许多东周时期的彩绘木俑、持剑木俑及彩绘梅花鹿等木雕人物、动物。唐宋时期，造佛建庙祭祖给木雕艺术开拓了前景。经过漫长的融合发展，武汉木雕行业分成了"文""武"两帮。"文帮"由高森泰掌教，集合了汉口、汉阳、黄孝一带的木雕艺人，主要雕神像、人物和木雕细活。"武帮"由潘玉敏掌教，集合了武昌、蒲圻、咸宁一带的手工艺人，主要雕建筑构件、家具雕花和花床。宣统年间，潘福祥成为文帮实力最强的"潘氏神像铺"的第三代传人，是武汉木雕水平的代表。梅海清、邓道航、万正兰、张静等木雕大师均传承自潘福祥的木雕技艺。

武汉木雕多选用樟木、银杏木、黄杨木、楠木等质地细密柔韧、不易变形的树种，根据材料的大小及应用场合的不同，分别画上飞鸟鱼虫、龙凤祥云、人物花草等寓意美好的吉祥图案，然后运用工具进行圆雕、浮雕、透雕及其他各种形式的雕刻，是真正的民间手工传统工艺。

代表人物

　　邓道航，武汉木雕省级代表性传承人。1938年出生，1958年跟随梅海清学习木雕，从事木雕行业60多年，一直坚守武汉木雕的技艺和传承。

代表人物

　　万正兰，武汉木雕市级代表性传承人。1956年出生，1983年开始跟随邓道航学习木雕，在木雕作品的造型、雕刻等方面进行了创新。

武汉市市级非物质文化遗产

武汉剪纸

扫一扫
观看武汉剪纸视频

　　剪纸是中国最为流行的民间艺术之一。武汉剪纸使用剪刀、雕刀等工具，讲究破刀工整、构图丰满、线条流畅、疏密有致，善用适形构图和点题文字来表达内容，具有俊秀而优美的风格，既有北派粗犷写意，又有南派精雕细刻的神韵。

　　武汉剪纸孕育于精彩绝伦的楚文化沃土，承"镂金作胜""剪纸为人"之古荆俗，造就了众多剪纸艺人。武汉、鄂城等地有数以百计的雕花匠，并且清末就有剪纸的行会组织，这在全国都是少见的现象。1954 年，蒋再谱、戴振鹏等组织成立了武汉地区最早的剪纸雕花小组，把传统花样推陈出新，创作了大量反映新生活的剪纸作品，并出版了《雕花剪纸集》。

20 世纪 70 年代，原本作为乡土艺术的剪纸被引入武汉，先后出现了盛国胜、何红一、沈松柏等一批剪纸高手，剪纸工艺遍及三镇及新洲、汉南等地，形成了南北兼蓄、风格多样、各具特色的武汉剪纸群体。在青山区武钢职工中，出现了以刘士标、江先孝等为代表的一大批剪纸艺术爱好者，创建了以工业为题材的"工业剪纸"。"工业剪纸"既保留着民间剪纸的意味，又大胆开拓、勇敢创新，吸收现代姊妹艺术的表现手法，创作了一大批表现大工业及现代人居室和生活的剪纸作品，实现了从"窗花"到"钢花"的转变。

代表人物

刘士标，武汉剪纸市级代表性传承人，一级民间美术工艺家。1940 年出生，8 岁始学剪纸，16 岁被招工到武钢，业余时间坚持剪纸。《炉火正红》《金光灿烂》《沸腾的武钢》《美丽的新三轧》等一系列剪纸作品，细致生动地表现了钢铁冶炼的整个过程，开创了"工业剪纸"的新时代。

小口径瓶内画

武汉市市级非物质文化遗产

扫一扫
观看小口径瓶内画视频

内画技艺又称"内画鼻烟壶""瓶内画",始于清朝咸丰年间。起初仅为鼻烟壶装饰工艺,之后经文人慢慢演变为艺术品。

武汉市硚口区的童建国将这门民间技艺发扬光大,首创在几毫米口径的玻璃瓶内描绘山水、创作油画。通过三十多年时间,他努力独创的"小口径瓶内画"成为武汉民间工艺一绝。

作画时，收气，力发手腕之上，精细处非目力所能及。绘制瓶内画的工具，选用撕成细条的竹篾片，用火烘烤后可以蘸取墨汁、颜料，根据瓶子的形状弯成各种适合作画的角度。

1992年，童建国在口径仅 1.25 毫米的风油精瓶内创作的《黄山壮景》，参加全国首届吉尼斯擂台赛并获奖。至今，这项纪录仍由他保持。

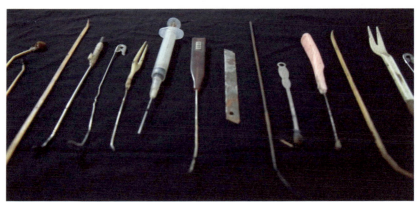

代表人物

　　童建国，小口径瓶内画市级代表性传承人，中国民间工艺美术家。1953年出生。首创在几毫米口径的玻璃瓶内描绘山水、创作油画。30多年来，创作作品万余件。2003年，他创作《长江三峡四季图》，用88个酒瓶组成8米"画卷"，将原始的三峡风光浓缩在玻璃瓶内。

叶画

武汉市市级非物质文化遗产

扫一扫
观看叶画视频

叶画就是在树叶上进行绘画创作，也被称为"绿色艺术"。有"草圣"之誉的唐代书法家怀素和尚，学书贫而无纸，曾种芭蕉万余株，取叶练字。可考证的叶脉画，存世时间达两千年。以前人们（主要是佛教）利用植物叶制作出的《贝叶经》，我国的许多博物馆还有馆藏，杭州的灵隐寺至今还藏有部分古代《菩提叶画》。

刘义桥历经 30 年潜心研究，完整、系统地创立了中国叶画艺术专业技法。他的叶画作品突破绘画界传统"方框方画"的格局，独创性地形成"内圆外方、方圆结合"的视觉效应，让人在叶与画的有机结合中强烈感受到"叶中有画，画中有叶，叶外无画胜有画"的"三维"境界。

叶画要将新鲜叶片经过数十道工序，处理成一张可卷可舒、可涂可抹、如绸如缎的"画布"，作画时，利用叶片的自然形状、色彩、纹理、茎脉、褶皱、破损，随类依势作画，讲究天人合一和返璞归真。

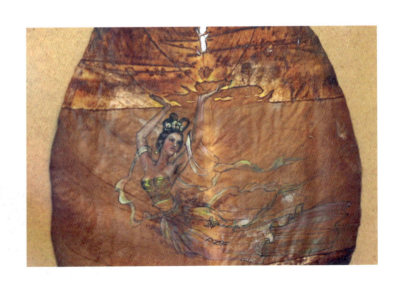

代表人物

　　刘义桥，叶画市级代表性传承人。1958年出生。其叶画作品被誉为"绿色艺术、环保书画"，收藏者有国际奥委会主席、国内外领导人及世界佛教领袖等。目前他已获得叶画发明专利、叶画外观设计专利等50余项国家专利。

了不起的**非遗** 青少版

明式家具微缩技艺

扫一扫
观看明式家具
微缩技艺视频

明式家具指自明代中叶以来，能工巧匠用紫檀木、酸枝木、杞梓木、花梨木等进口木材制作的硬木家具。造型优美、选材考究、制作精细是明式家具的三大特点。其结构科学合理、榫卯精密、坚实牢固，被誉为中华民族文化宝库中的瑰宝、世界家具发展最富有艺术感染力的精品。

武汉市青山区的阎民怡痴迷于制作微缩明式家具。他花了10年时间研究中国古家具的历史及特征，经过反复论证，确定了7∶1的缩微比例。其明式微缩家具制作有三绝：一绝工具，二绝材料，三绝工序。作品主要有座凳类、卧具类、盛具类和柜架类。他对明式微缩家具的精密程度要求极其苛刻，用游标卡尺、千分尺测量每一件家具，精确到1毫米的百分之一。

阎怡民与文物鉴定专家王世襄

代表人物

阎民怡（1948—2017），明式家具微缩技艺市级代表性传承人。曾是武汉冶金设备制造公司的水泵工，1982年始研究、制作明式微缩家具。阎民怡一生做出了60多件明式微缩家具，件件令人称奇，这些微缩家具和迷你的木工工具分别获得了"世界上最小的明式家具"和"世界上最小的传统木工工具"两项上海吉尼斯世界纪录。2002年，阎民怡获"湖北省首届绝技绝活大赛"金奖。

了 不 起 的 非 遗
LIAOBUQIDEFEIYI

传统技艺

楚式漆艺 楚式古乐器制作

湖北省省级非物质文化遗产

扫一扫
观看楚式漆艺
楚式古乐器
制作视频

春秋战国时期，楚式漆器是我国漆器制作工艺的巅峰。湖北是楚文化的发祥地，不少已被发掘的楚墓中藏有漆器，历经千年，仍然保持富丽光彩。

楚式漆器是楚文化的一个鲜明符号，楚人对漆木器情有独钟，不仅有漆杯、漆碗、漆盒等生活用具，有漆鹿、漆座屏等工艺品，还有漆琴、漆瑟等娱乐用具，覆盖人们日常生活的方方面面。楚国的漆器髹饰技艺、脱胎漆器工艺及堆鼓描金等技艺，达到中国漆

器工艺的高峰。这些技艺流
传至亚欧等国家，成为中国
文化的象征之一。

　　楚式漆器就是木胎漆器，
是我们国家漆器的鼻祖。楚
式漆艺最大的特点就是用木
胎，外面涂漆，我们叫土漆
或者叫大漆，一般用楠木、
樟木雕刻，上天然漆自然干
燥后彩绘而成。天然漆具有
良好的防潮防腐性能。

代表人物

刘比建，楚式漆艺、楚式古乐器制作技艺传承人，中国工艺美术大师。

1956年出生，长期为湖北省博物馆做楚式漆木器类文物的修复、仿制，是"曾侯乙古瑟"等多种漆木古乐器唯一的馆藏复制件制作者。复制的湖北九连墩出土文物"漆木十弦琴"被中国国家博物馆永久收藏。

从早期的复制到如今的创作，刘比建逐渐运用现代语言和手法，展示楚式漆艺技法，重新读取楚文化精髓。

囊匣制作技艺

湖北省省级非物质文化遗产

扫一扫
观看囊匣制作
技艺视频

囊匣是我国的传统手工艺品，也是我国最早的包装装潢工艺品。它是为各类器皿、文物、古玩、字画单独设计制作的安全美观的工艺锦盒，种类有囊匣盒、抽盖盒、字画盒及其他工艺礼品盒。外形古色古香，内囊赏心悦目，独特的设计和制作蕴含浓厚的书香气息。

囊匣的起源可追溯至唐宋时期，历史文献《唐六典》、宋《翰墨志》中均有相关记载。明代《装潢志》一书中详细记载了当时江苏苏州、扬州各地装潢工艺和加工工具的制作方法，其中就包括囊匣制作工艺。近代的京、津、沪、汉，地理位置特殊，繁荣的商业带动了古玩业的兴旺。当时家境殷实的人家都有一些视作宝贝的文物、古玩，需要的文物保存装置不仅要方便实用，还要美观大方，体现艺术品位和文化修养。因此，囊匣制作一时兴盛。

囊匣能有效地防止紫外线对文物的直接照射，防止有害气体及虫害对文物的腐蚀、损害，减少高温或潮气的浸入。用囊匣包装、存放文物，既便于文物的排架、编号、提取、搬运，又能减少或避免人为因素造成的损失，是目前最理想的保护文物装置。

扈氏囊匣第一代制作人扈永松和第二代制作人扈桂仙合影

代表人物

　　扈永松，扈氏囊匣制作技艺的创始人。1907 年学艺于原上海"詹元记古玩装潢店"，学成后于 1911 年独立开创"扈永记装潢古玩社"，专门从事各类古玩装潢的设计和加工。因技艺精湛，承制 1949 年中华人民共和国第一部《宪法》的书函盒。1959 年，北京故宫曾发函特邀扈永松北上，但因扈永松身体状况不佳终未成行。1958 年，扈氏工艺传人扈桂仙受武汉东风印刷厂的邀请来汉，该厂是当时武汉市民政局集资兴办的国有工厂。目前，这门技艺由扈桂仙之子扈啸传承。

　　扈氏制作的文物囊匣古色古香，书香味浓，独具匠心的设计制作使得囊匣本身就是与作品相得益彰的艺术品。和许多传统手工艺一样，囊匣制作工艺的手工心法被言传身授，代代传延。由于囊匣制作工艺依托古玩、艺术品等文化市场，又是纯手工技艺，扈氏传人扈啸之后，未有继承者。

代表人物

扈啸，囊匣制作技艺省级代表性传承人。

扈啸生于 1963 年，1981 年随父亲扈桂仙学习古玩装潢技艺。1990 年受武汉博物馆的邀请，为 100 件即将出国展览的文物制作囊匣。目前，湖北省博物馆和武汉博物馆用于存放文物的囊匣共计 2 万多个，全都出自扈啸和父亲之手。

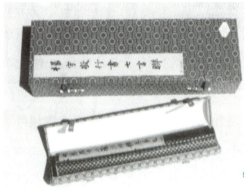

湖北省省级非物质文化遗产

高洪太铜锣制作技艺

扫一扫
观看高洪太铜锣
制作技艺视频

武汉铜锣的起源，要追溯到清乾隆年间。当时武汉已经是全国铜响器的制作中心，汉锣与京锣、奉锣、苏锣一起，并称为全国"四大名锣"。"高洪太"是汉锣中最响亮的一面旗帜，创始人名叫高青庵。

光绪八年（1882年），高青庵生于黄陂高家河，12岁时到汉口舅舅家的锣店学艺。1914年，舅舅的店铺经营状况不好，高青庵回老家借到一笔钱，将店铺盘了下来，在他和弟弟高太安的名字中各取一字，组成店名"高洪太"。

那时的"高洪太"位于汉口长堤街262号（当时的门牌号），前店后厂，自产自销。1931年，

又自设作坊生产锣等响器，初生产班锣、马锣等小件，后扩大到 20 余种产品。抗战期间，因铜、锡等材料缺乏而停产。日本投降后，1946 年，高青庵令高徒高永运为梅兰芳剧团潜心研制成声似虎啸、响而不躁的"虎音锣"，在业界声望大增。手工操作、灵活运用技巧、准确定音，是"高洪太"的不传之秘。

1979 年，世界著名乐团指挥小泽征尔率领美国波士顿交响乐团来中国访问，中央乐团决定赠送该团一面铜锣作为礼物。高洪太做了一面直径 1 米的大抄锣。波士顿交

响乐团在首都体育馆的首演式前，敲响了这面锣，全场为之轰动。波士顿乐团将锣带回了美国，这是高洪太铜锣第一次走向世界。

1985年，日本名古屋市市长西尾喜武写信给当时的武汉市市长吴官正，希望高洪太锣厂能为他们做一面世界上最大的锣。锣厂工人历时近三个月，终于制成了两面，其中一面于1986年送往日本。这面抄锣直径143厘米，声似春雷，气势磅礴，名古屋市长十分珍视，并取名为"武汉"。另一面直径160厘米的抄锣至今依然放在高洪太锣厂里。

代表人物

陆国年，高洪太铜锣制作技艺省级
代表性传承人、"高洪太"传人。

他用精湛的定音技术向世人证实，
这个百年老字号代表着武汉铜响器市场
的峥嵘岁月。

传统榨油技艺

湖北省省级非物质文化遗产

扫一扫
观看传统榨油
技艺视频

　　距今 3000 年左右的盘龙城文化，被专家学者论证为"华夏文化南方之源，九省通衢武汉之根"。盘龙城遗址为中国古代城市遗址，位于湖北省武汉市黄陂区盘龙城盘龙湖畔，面积逾 3.78 平方公里，周边分布着居民手工作坊遗址。在杨楼子垸，就发现了杨氏油坊的古遗址。

　　杨楼子垸油坊遗址位于杨楼子垸北 1 公里，濒临后湖，依山傍水，风景秀丽，出土了大量的生产工具和器物，很好地展现了古代传统榨油的工艺特色和生产流程，是黄陂古代榨油工艺的起源地。

　　明洪武二年，杨俊杰举家由江西迁往黄陂杨楼子塆，以漕运油料、粮食为生。一次，他在盘龙湖畔偶遇狂风，经祷告后脱险，全船货物皆失，仅剩一小堆芝麻和油菜籽。他认为是上天点化，从此土法上马，建房立榨，采取来料加工、挑油转乡、批零兼营等多种形式服务乡民。杨楼子榨坊榨油工艺以芝麻、花生、菜籽等油料为原材料，以木质卧孔榨为主要榨油工具，采用人工火炒、牛碾、灶蒸、脚踩箍饼、上榨、夯挤、沉淀等传统制作工艺。榨坊历经十三代传人，至今已有 400 多年的历史。

代表人物

　　杨德元，黄陂杨楼子塆榨坊榨油技艺省级代表性传承人。

　　1969 年出生，高中毕业后与父亲杨五一在杨楼子塆榨坊榨油，学习传统榨油方法。现任杨楼子榨油公司总经理、武汉杨楼子老榨坊博物馆馆长。

了不起的非遗 青少版

湖北省省级非物质文化遗产

蔡林记热干面制作技艺

扫一扫
观看蔡林记热干面
制作技艺视频

　　相传 20 世纪 30 年代初期，汉口长堤街有个名叫李包的食贩，在关帝庙一带靠卖凉粉和汤面为生。有一天天气异常炎热，不少剩面未卖完，他怕面条发馊变质，便将剩面煮熟沥干，晾在案板上，一不小心碰倒案上的油壶，麻油泼在面条上。李包无可奈何，只好将面条用油拌匀重新晾放。第二天早上，李包将拌过油的熟面条放在沸水里稍烫，捞起沥干入碗，加上卖凉粉用的调料，热气腾腾，香气四溢。人们争相购买，吃得津津有味。有人问他卖的是什么面，他脱口而出，说是"热干面"。从此他就专卖这种面，还有人向他拜师学艺。有个叫蔡明纬的

人不仅学到技艺，还看准商机，于 1928 年在汉口满春路口开了一家面馆，取名"蔡林记热干面馆"。蔡明纬不拘泥于李包的原始操作，不断改进制作技艺，使蔡林记热干面成为一种风味特异的新面食品种。

"蔡林记热干面"先后被授予"中华名小吃""最佳汉味小吃""中国名小吃"和 2013 年"十大名面"等称号，在中华特色面食的评比中获得金奖。

热干面价廉物美、制作快捷、口味独特，更重要的是凝聚了武汉人热情、豪爽、讲面子的个性，成为和黄鹤楼、归元寺一样享誉全国的武汉名片。

代表人物

　　王永中，蔡林记热干面制作技艺省级代表性传承人，中国烹饪大师。

　　1962年出生，1989年参加武汉市首届筵席点心表演赛，获全能第一名。

　　从烫、子、发、酥等各种和面技能，西式点心、面塑造型、制馅，到风味小吃，他样样精通。在传承蔡林记热干面的同时，他结合现代人的口味需求，不断发展和创新蔡林记热干面的品种。他的名言是："用最好的原材料做最好的热干面。"

老通城豆皮制作技艺

湖北省省级非物质文化遗产

扫一扫
观看老通城豆皮
制作技艺视频

豆皮原是湖北民间的一种传统小吃。逢年过节，人们用绿豆、大米混合磨浆摊皮，包上糯米、肉丁，用油煎好，作为节日食品。豆皮由肩挑小贩传入武汉，渐渐倚门建灶，当街营业，颇受欢迎。有时顾客自带鸡蛋，要求把蛋打在豆皮上，居然色泽光亮，橙黄爽口，形成"蛋光豆皮"，比原始的豆皮进了一步。

大约在清咸丰十年（1860年），武昌王府口（今紫阳路与解放路交叉处）有一家小店，祖传三代经营豆皮，人称"杨豆皮"。直到第四代杨志福，生意兴隆起来，遂于 1929 年正式挂上"杨洪发豆皮馆"的招牌。这是武汉最早的豆皮馆。豆皮的配料有猪油、上好板油、花油、鸡蛋、酱肉丁、虾仁、干子、葱、蒜、胡椒等。武汉三鲜豆皮的创制人郭春山和被誉为"豆皮大王"的高金安，都是从这里学出来的。

坐落在汉口大智路口的老通城豆皮馆，原名"通城"食品店。老板曾厚诚在武汉沦陷前夕举家逃往重庆，直到 1946 年春恢复营业，改名为"老通城"，"豆皮大王"高金安从 1946 年开始在这里主厨。三鲜豆皮是高金安的独创，他在配料中加进了卤味，形成了老通城豆皮"重油，油而不腻；外脆，脆而不老"的特色，生意兴隆，久盛不衰。

1958年8月 毛泽东主席视察武汉工作时
在江峡轮上与接见人员合影留念
第三排右第一人为"豆皮大王"高金安

1958年11月 朱 德 同志视察武汉工作时
与接见人员合影留念
第三排右第二人为"豆皮大王"高金安

中华人民共和国成立后，老通城成为武汉第一家国营餐馆，规模扩大，三鲜豆皮销量大增。高金安精益求精，在配料中增加了猪肉、口条和虾仁，总结了豆皮馅、豆皮浆和豆皮煎制的操作法，使三鲜豆皮皮薄色艳，松嫩爽口，馅心鲜香，闻名遐迩。

1958年4月3日，毛泽东主席第一次到老通城惠济支店，品尝了"豆皮二王"曾延龄做的豆皮和傅汉卿烹制的菜肴。同年9月12日，毛主席再次到老通城惠济支店品尝豆皮，留下了"国营要更好地为人民服务"的教导。这是老通城店史上最光辉的篇章。此后，周恩来、刘少奇、董必武等中央领导同志及朝鲜主席金日成、柬埔寨国王西哈努克等贵宾都先后来此品尝过豆皮。据不完全统计，有60多个国家的国际友人和不计其数归国华侨、外地游客慕名而来，品尝之后，赞叹不已，认为老通城三鲜豆皮制作精细、味道鲜美，湖北风味名不虚传。

代表人物

马守志，老通城豆皮制作技艺省级代表性传承人。

1963 年出生，1987 年就职于老通城酒楼，师从"豆皮小王"张祥兆，被誉为"豆皮三王"，1998 年被评为"特级面点师"。

在保持传统的基础上，马守志以"三鲜豆皮"为龙头，推出牛肉、八仙、八宝、鸡丁、双冬、海鲜等特色豆皮系列，做出的豆皮浆清、皮薄、火功正，配料、调味适当，味香、爽口、外脆、肉软，油重而不腻。

四季美汤包制作技艺

武汉市市级非物质文化遗产

扫一扫
观看四季美汤包
制作技艺视频

　　1922 年，汉阳（今蔡甸区）人田玉山在汉口花楼街段的交通巷侧巷创立了"四季美"汤包馆。田玉山颇有经营天分：14 岁就以 10 串铜钱当本钱，摆开小摊卖牛杂碎；15 岁改卖水果，只用了五六年时间，便自称为"王"，在摊点上大模大样地挂上了"水果大王"的牌子。后又将水果摊位改成饮食经营，售卖四样品类：春炸春卷，夏卖冷饮，秋炒毛蟹，冬打酥饼，一年四季都有受街坊邻居喜爱

的吃食供应，老字号"四季美"店名由此诞生。

后来，他请来了南京厨师徐大宽，开始做起小笼汤包的生意。四季美汤包经过徐大宽、钟生楚、徐家莹等传承发展，总结出汤包制作技艺的特征："面熟碱准水适当，节准量足个一样，边薄中厚擀圆形，馅子挑在皮中心，花细均匀鲫鱼嘴，轻拿轻放要摆正，火候时间掌握准"；在质地上具有皮薄、馅嫩、汤鲜、味美的特点；在外形上具有花匀、汤包口呈鲫鱼嘴的特点，使色、香、味、形各方面臻于完美。

武汉四季美汤包将南方的汤包品种移植

到湖北武汉，丰富了武汉的美食小吃品种，成为与天津"狗不理包子"、上海"南翔汤包"、扬州"富春汤包"齐名的武汉特色小吃之一。武汉四季美汤包曾受到毛泽东、周恩来、金日成等中外领导人的赞赏，1990年、2006年、2007年三次荣获全国饮食品最高奖"金鼎奖"。其传人钟生楚被评为国家特级白案厨师，徐家莹被中国商业联合会、中国烹饪协会评为中国烹饪大师。

　　徐家莹，四季美汤包制作技艺市级代表性传承人，中国烹饪大师。

　　1952年出生。先后师从汤包大王、特级厨师钟生楚和特级厨师虞东海，在汤包创新和白案面点技艺传承上，做出了突出的贡献。2007年在西安举办的第二届中国餐饮博览会上，徐家莹独创的西红柿汤包第三次拿下金鼎奖。当时武汉三获金鼎奖的餐饮企业，四季美是独一家。

代表人物

　　张德隽，四季美"创二代"，徐家莹之子。在中山大道吉庆街主持开设四季美新店，在汤包制作技艺上进行创新发展。

武
汉
市
市
级
非
物
质
文
化
遗
产

黄陂三鲜制作技艺

扫一扫
观看黄陂三鲜
制作技艺视频

　　黄陂三鲜又名黄陂三合、黄陂烩三合，是武汉市黄陂区的传统名菜，近百年来一直流行于民间。黄陂三鲜为肉丸、肉糕、鱼丸混合制作的菜肴。肉丸、肉糕皆以精细鲜鱼猪肉为料，鱼丸以精细鱼肉为料，精工剁炼，辅以配品佐料，加力搅拌，分别用油煎锅煮、笼蒸而成。鱼丸子色白，晶莹剔透，有弹性，状如玉珠，入口松脆；肉丸子色泽黄亮，泡脆清香；肉糕光滑亮脆、有韧性，含鱼丸肉丸双重风味，回味无穷。有首流传百年的美食歌谣这样唱："湖北名菜有三鲜，三鲜当数黄陂好；黄陂名菜有三鲜，三鲜当数罗汉好。"黄陂三鲜以黄陂西部罗汉地区、北部李集地区的最为有名，两地制作工艺大同小异，各有千秋。

代表人物

　　黄宝庆，黄陂三鲜制作技艺市级代表性传承人。

　　17 岁开始做三鲜，祖父黄庭祯是"黄陂三鲜"的创始人。黄宝庆出师那天，一人做了 30 桌酒席，得到乡亲们的认可。

代表人物

　　黄雄，黄陂三鲜制作技艺第四代传承人，黄宝庆之子。

　　15岁开始跟随父亲学做黄陂三鲜，在父亲的制作技艺基础上，结合现代人的口味，进行创新发展。

了 不 起 的 非 遗

LIAOBUQIDEFEIYI

传统医药

了不起的非遗

青少版

马应龙眼药制作技艺

扫一扫
观看马应龙眼药
制作技艺视频

　　马应龙传统制药技艺起源于河北定州，距今已有 400 余年的历史。

　　明朝嘉靖年间，创始人马金堂为免除家乡百姓受眼疾之苦，摸索总结出一套独特的制药技艺，制成眼药，取名为八宝眼药。1582 年，马应龙在定州北街开设药店，并将八宝眼药更名为马应龙定州眼药，投放市场。

　　清道光年间，马应龙的后裔马万兴将马应龙定州眼药卖到了北京，并在北京声名远播，留下了"身穿瑞蚨祥，脚踏内联升，头顶马聚源，眼看马应龙"的佳话。

20世纪初，马应龙的后裔马岐山在武昌开设分店，收效很好，趁势又在湖南长沙、安徽安庆、广西柳州开设了分店。民国时期，马应龙眼药屡获大奖，行销东南亚各国。

中华人民共和国成立时，马应龙第十三代传人马惠民任马应龙制药厂（后改名为"武汉第三制药厂"）厂长，在八宝眼粉的基础上研制出了八宝眼膏，改变了马应龙眼药沿用了400年的剂型。

1995年，武汉第三制药厂改为股份制企业，更名为"马应龙药业股份集团有限公司"。2004年，"马应龙"成为商务部首批认定的"中华老字号"企业，马应龙传统制药技艺得以延续保存和弘扬。

马应龙眼药采用名贵的中药材，如麝香、牛黄、珍珠、琥珀、炉甘石、硼砂、冰片、硇砂等，经过特殊的工艺炮制，配料成药，又称八宝古方。

八宝

八宝古方八味药合而用之，共奏清热解毒、活血化瘀、去腐生肌之功效，适用于外科疮疡之阳症

所谓八宝古方，表面上指的是马应龙眼药采用的八味名贵中药材，实际上是说这种特殊且保密的炮制工艺。在八味药材公之于世的情况下，这是马应龙数百年来能独此一家并且从未被冒牌假药祸乱的原因所在。

马应龙药业的传统产品是"马应龙眼药"，创新产品是以"马应龙麝香痔疮膏"为代表的系列化肛肠治痔类产品。2009年6月，马应龙药业又成功研发出了多款眼部护理产品，包括后来美誉度颇高的八宝眼霜。

时代在发展，社会在进步，百年老字号"马应龙"也时刻在求新求变，顺应时代需求，推陈出新。近几年，"马应龙"借助互联网的发展，前瞻性地布局移动医疗，打造"小马医疗"平台，逐渐向大健康产业发展。

湖北省级非物质文化遗产

叶开泰传统中医药文化

扫一扫
观看叶开泰传统
中医药文化视频

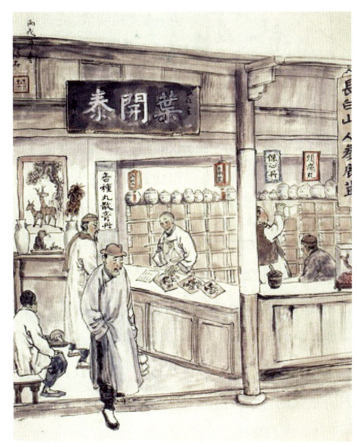

　　叶开泰创立于明朝崇祯十年（1637 年），与北京同仁堂、广州陈李济并称为中医药界"初清三杰"。再加上后来的杭州胡庆余堂，是"中国四大药号"。

　　叶开泰的创始人名叫叶文机，安徽人。明崇祯四年（1631 年），叶文机随父逃难到湖北汉口镇，在今汉阳古琴台附近摆药摊行医卖药。六年后，叶文机在汉口汉正街一带正式挂出了"叶开泰药铺"招牌。叶开泰开始制售成药，率先开创了"前店后厂"的经营格局。

　　清道光年间，叶开泰自制名药参桂鹿茸丸、拔毒生肌散、小金

丸、八宝光明散、虎骨追风酒等，闻名遐迩，远销海外。

1953年6月1日，叶开泰更名为武汉市健民制药厂。1993年5月28日，经武汉市体改委批准改制，成为股份制公司，组建武汉健民药业集团。2011年，"武汉健民"被评为中华老字号企业。

叶开泰制药始终恪守"遵古宜今，虔诚修合"的理念，率先倡导"修合虽无人见、存心自有天知"的慎独精神，具有深厚的历史文化价值。叶开泰从严格购进优质原材料开始，一丝不苟地遵中医药传统炮制法制药，绝不苟且通融。其小金丸、拔毒生肌散、参桂鹿茸丸等炮制技艺，对当今的中药制作，具有重大的科学价值。

代表人物

　　孙玉明，叶开泰传统中医药文化市级代表性传承人，现任健民集团党委副书记、工会副主席。

　　他对中药炮制加工和膏、丹、丸、散制剂的制作经验丰富，熟悉中成药各类制剂的生产方法与质量标准。

代表人物

项振坤，1926 年出生，当年叶开泰的学徒工，健民集团老药工，能准确鉴别各类中药材真伪及质量，熟悉中成药各类制剂生产方法及质量标准，特别是丸剂生产工艺经验丰富。

张介安中医儿科诊疗法

湖北省省级非物质文化遗产

扫一扫
观看张介安中医
儿科诊疗法视频

　　张介安是首批国家级名老中医，儿科世家，家族医学第六代传人。其祖父张翰臣、父亲张百川、叔父张巨川均为黄陂名医。1955年10月，武汉市中医医院成立，张介安创立了中医儿科。

　　张介安行医六十余年，注重实践，讲求实效，学术上独具一格，自成体系。在诊断上秉承家传"观、察、验、按"四字望诊经验，并创作出好记易懂的望诊歌诀。其"夜汗非虚汗""涕之有无，是衡量肺津耗伤程度的重要标志""治咳喘尤重畅肺""退高热非唯表散""止泄泻利涩并举"等不同于其他历代儿科医家的学术观点，为临床提供了更为实际的理论依据。

　　张介安擅理脾胃，通过"消导法""扶脾法"治疗儿科厌食、腹泻、咳喘等常见病、多发病，以及抽动、癫痫、长期发热等疑难杂症，从脾论治儿科疾病的理论。张介安用药轻灵，遵从"效、简、廉、便"的用药特点，其独家心得处方消食散、化食散、止泻散、定喘汤、射银汤、消浊饮、清心汤等，在临床使用中屡试不爽，享有很高声誉。

　　张介安生前多次被评为急需抢救和整理经验的老专家，并培养了许多优秀人才。第一代传人朱清梅、蔡根兴、胡成群、张绍莲等在全国儿科享有盛誉，第二代传人叶冬兰、万恒仙、蔡建新等也已成为湖北省中医儿科界的佼佼者。

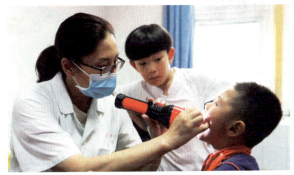

代表人物

蔡建新，张介安中医儿科诊疗法省级代表性传承人，武汉市中医院儿科主任。

1973年出生，1995年跟随张介安抄方学习，从事儿科临床25年，运用中医中药治疗难治性哮喘、性早熟、长期发热等疑难杂症患儿，临床效果显著。主持"张介安学术思想及临证经验研究"课题，获2011年度武汉市科技进步三等奖。

了不起的非遗 青少版

老四知堂郑氏正骨疗法

扫一扫
观看老四知堂
郑氏正骨疗法视频

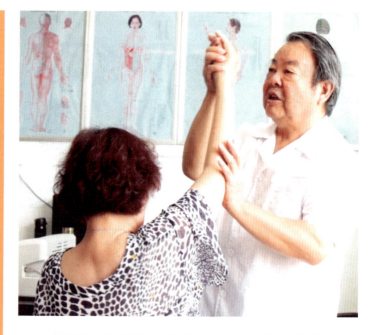

老四知堂郑氏正骨疗法主要流传于湖北武汉及河南、陕西等地，有一百多年历史。创始人杨占魁是河南嵩山少林寺名医，19世纪末，在郑州老坟岗以"老四知堂"挂牌行医。1920年来到汉口的八元里（现六渡桥），沿用"老四知堂"堂号，以接骨正骨为特色，坐堂行医。第二代传人郑顺卿蒙师于姨父杨占魁，继承了老四知堂堂号。1953年，郑顺卿、马盛铺等人主持创办"硚口中西联合诊所"，后更名为硚口建乐卫生院。各地病人慕名而来，医好骨折患者数以万计。硚口建乐卫生院成了当时武汉骨科的代名词。

第三代传人郑胜利从小随父习武学医，博采众长，创新发展了老四知堂郑氏正骨疗法，1999年创办郑氏中医骨科医院，带领第四代传人郑毅、王振阳等10多名弟子，书写着薪火相传的篇章。

老四知堂郑氏正骨疗法是中医骨科的一个分支，秉承了中医辨证施治的治疗原则，门派正宗，代代相传，整复手法独树一帜。不仅具

有中医骨科的动静结合、筋骨并重、内外兼治、医患合作的特点，还讲究武医同修、内外兼施，其独创的塑形夹板包扎考究，祖传的万应伤疡膏活血化瘀，消肿止痛，堪称中医骨科一绝。

其手法整复，根据骨折的不同类型，采用回旋、推压、提端、震揉等手法使骨折复位。在整复过程中，力道恰到好处，避免"过犹不及"，这种力道须经过多年的武术修炼和临床经验积累方能把握。

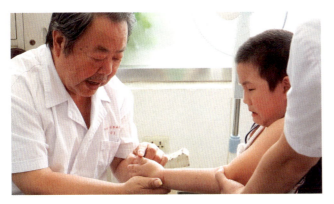

代表人物

郑胜利，老四知堂郑氏正骨疗法省级代表性传承人。

1948 年出生，自幼随父习武学医，子承父业。他不仅传承了祖辈手法，还独创了塑形夹板，总结了量人而定、讲究角度、牵引对接、按捺平正等治疗要旨，潜心研究，发表论文，先后传授弟子十余人；弘扬老四知堂堂号，创建了武汉郑氏中医骨科医院，以此为传承的舞台，解除了数以万计患者的痛苦。

了 不 起 的 非 遗

LIAOBUQIDEFEIYI

民间文学

国家级非物质文化遗产

黄鹤楼传说

扫一扫
观看黄鹤楼
传说视频

　　黄鹤楼传说是以湖北武汉武昌蛇山黄鹤楼为故事发生地，以及与其有关的传说组群，深受楚地风俗及楚辞影响，滥觞于三国，成熟于唐宋，鼎盛于元明清。

　　初始由百姓口口相授，而后文人参与记述。最早见诸文字的是祖冲之所著的《述异记》，但此书已失传。现能见到最早的文字保存在"二十四史"中的《南齐书》中，以后又有四部正史《梁书》《南史》《宋史》《明史》和一些重要典籍、传奇、方志、图经、地舆记载。

　　黄鹤楼传说内容以神仙传奇为主，包括黄鹤楼楼名起源传说、黄鹤楼建楼传说、黄鹤楼名人传说、黄鹤楼景观传说及轶事杂谈等五类。其基本篇目包括子安驾鹤、费祎升天、仙人吹笛、橘皮画鹤、宝山仙洞、制伏毒龙、鲍泉沉尸、萧秀埋骨、刘备脱险、孔明神灯、羲之题字、李白搁笔、岳飞赋词、时珍悬壶、献忠题诗、敬亭说书等故事。

故事张扬了中国本土宗教道教的文化元素，表达了"天人合一"、惩罚扬善、少贪寡欲等主题，塑造了平时混迹于人间、危难时扶危救困的仙人形象，深受各阶层人士的喜爱，口授文传，历久而不衰。

20世纪50年代初期，苏联的艺术家将"橘皮画鹤"的传说改编成动画片《黄鹤楼的故事》在苏联上映，一时风靡。改革开放以来，随着中外文化交流的增多，黄鹤楼传说迅速传至日本、韩国、美国、欧洲等国家和地区，尤其在亚太文化圈声名远播，得到了世界范围内的广泛认同。

　　黄鹤楼传说激发了从崔颢、李白、苏东坡到郭沫若等历代诗人的创作灵感，成为他们的歌咏对象或创作题材，催生了璀如珠玑的诗词文赋，其中不乏流传千古的经典之作，极大地推动了中国浪漫主义文学、道教文学的发展进程，丰富了中国传统文化的宝库，还影响到绘画、建筑、戏曲、曲艺等姊妹艺术，有的故事已成典故，有的故事凝化为歇后语，体现了民间文学作品的特质。

木兰传说

国家级非物质文化遗产

扫一扫
观看木兰传说视频

　　花木兰是中国古代影响深远的传奇女杰，她替父从军的故事，最早见于乐府民歌《木兰辞》而广为传诵。花木兰的故事在一千多年来的众口传颂及戏曲、通俗小说的不断演绎中，形成大同小异的多种文本，常和各地的历史、风物相结合而呈现地方特色。

　　武汉黄陂是巾帼英雄花木兰的故里，木兰传说在当地广为流传，妇孺皆知。木兰传说主要由木兰出世、少年木兰、替父从军、塞外征战、立功凯旋、皇上封赏、辞官回乡、悲剧情爱、终老故里等九个情节构成。传说内容十分丰富，涉及人物、地名、建制、物产、风俗、宗教等多个方面，涵盖了民间文学的诸多领域。传播范围相当广泛，不仅国内各地有诸多演绎，在海外也有广泛影响。木兰传说是中华民族优秀的文化遗产，表现了效忠国家、敬老爱亲、追求平等的观念，具有较高的历史、文学、民俗研究价值。

代表人物

　　叶蔚璋，1963 年出生。
30 余年致力于木兰主题收藏
和木兰文化的传承和研究，
广泛搜集整理与木兰传说有
关的古籍、绘画、雕塑、唱
本、剧本、工艺品等，藏品
达 3000 件，形成了以木兰传
说为核心的历史文化谱系，
极大丰富、充实和扩展了木兰传说的内涵。2017 年，他在木兰故里筹
办全国首家木兰文化博物馆，通过实物例证，填补了木兰文化展示与
宣传的空白。2018 年 5 月，叶蔚璋入选第五批国家级非物质文化遗产
代表性项目代表性传承人。

木兰传说主要故事情节

木兰出世

　　汉朝时，江夏郡西陵县北有一双龙镇。传说木兰就出生在这个小镇西临滠水河边的朱姓人家。镇上朱天禄、赵桂珍夫妇年近半百，尚无子女。天禄思子心切，听说镇南十华里青狮岭（后称木兰山）祈嗣顶山神灵验，有求必应，夫妻二人就同去青狮岭祈嗣求子。一年后的阳春三月，青狮岭木兰花盛开之际，天禄、桂珍喜得一女，乡亲们纷纷登门贺喜。天禄父亲朱若虚按民间对女孩俗称"花姑"和当时木兰花盛开之意，给孙女取名"花木兰"。

少年木兰

　　木兰长到六七岁时，每天离了学堂，就缠着祖父朱若虚言今道古，习武练功，很有一番男孩气。朱若虚文韬武略，因年迈在家赋闲，他常向木兰讲解《孙子兵法》及自创的梨花枪等兵法秘诀。木兰在研读兵书经卷的同时，还在双龙镇河边的沙滩及双龙镇前后的大小山寨上刻苦习武练功。

替父从军

汉文帝时，匈奴趁机犯汉，为抗击匈奴，朝廷发内郡戍之，点兵于西陵县双龙镇千户朱天禄。时天禄年迈有病，虽力不从心，但又不可抗旨。木兰安慰父亲道："为了拯救国家危亡，女儿愿替父从军。"年仅16岁的木兰踏上万里赴戎机的迢迢征程。

贱三爷的故事

湖北省省级非物质文化遗产

扫一扫
观看贱三爷的
故事视频

贱三爷的故事从明朝中期开始在民间流传，距今已有 500 多年的历史，源自武汉蔡甸，后流传于湖北。

贱三爷是一个集中概括了旧时城镇劳动人民叛逆精神、丰富智慧和理想愿望的艺术形象，他的一言一行都显示出劳动者并不因为穷困而心甘情愿地受剥削压迫，每时每刻都在反抗、斗争。贱三爷有着豁达豪爽、机智幽默、聪明能干的独特个性，有着舍己为人、扶危济困、富贵不淫、贫贱不移的品德。

贱三爷这个人物的完整形象，由众多短小的故事群构成。贱三爷干的行当多达40多种，各行各业都有他的故事流传，人们在口头传承中，不断丰富、补充，使其形象更加鲜明、丰满。

　　1984年，在全国首届机智人物研讨会上，专家学者认为贱三爷是唯一活跃在我国城镇的一个民间机智人物：他不仅聪明机智、才识过人，而且武功不凡，文争武斗永远立于不败之地；他经历丰富，干过百行百业，是其他机智人物不能及的；许多机智人物多受迫害摧残不得善终，贱三爷老年还乡，安度晚年。

2008 年，由沈远义搜集整理、蔡甸区非遗保护分中心出版的《贱三爷故事集》，共收集贱三爷的故事 450 个。

代表人物

沈远义，贱三爷的故事省级代表性传承人。1968 年从部队复员，一直致力于贱三爷故事的收集整理与传承传播工作。

湖北省省级非物质文化遗产

梁子湖传说

扫一扫
观看梁子湖
传说视频

　　梁子湖被称为"化石湖泊"，是湖北省第二大淡水湖，俗称樊湖，据说因汉高祖封樊哙于荆楚，樊哙选居于此而得名。

　　梁子湖传说包括梁子湖的由来、武昌鱼的由来、梁子湖的爱情故事和梁子湖、龙泉山神奇美景等内容的系列民间传说。"梁子湖的由来""牛山与鳊鱼潭"，揭示善有善报、恶有恶报的辩证关系，劝告人们扬善弃恶；"武昌鱼的由来"，赞叹山川之美、生活之美、劳作之美；"南北嘴的传说"，讴歌纯真的美好爱情；"雷打洲"，告诫人们孝敬长辈，养老善终，继承传统美德。

梁子湖传说

相传很久以前，梁子湖是一块陆地，叫高唐县，县城人气很旺，热闹繁华，百姓安居乐业。

有一年来了个县官，名叫何海仁，他不做好事，专门欺压百姓，老百姓都叫他"活害人"。

一天中午，大街上来了个疯和尚，手里拿一把破雨伞，口里高喊着："换伞了，坏伞换个好伞啦！"没有人理他。和尚看见一户姓樊的母子，连忙拱手说道："天马上要下雨了，贫僧的破伞遮不住雨、挡不住风，求你换把好伞给我赶路。"妇人见他可怜，叫儿子将一把油布伞给他了。僧人谢过以后，小声对妇人说道："三天以后高唐县要沉入湖底，你叫儿子每天去县衙门口望望石头狮子，要是石狮口里流血，你母子就朝高山上跑，不然会被淹死的。"妇人还想问个清楚，和尚已不见了。妇人想，这和尚想必是高人。第二天，妇人叫儿子去看石狮子，儿子回来说，没见口中流血。第三天儿子又去了，正看得入神，来了个屠户，奇怪地问："你昨天来看石狮子，今天又来看石狮子，莫不是有什么名堂？"他老老实实地回答："我娘听人说，石狮子口里流鲜血，高唐县就要沉，叫我天天来看。"屠户哈哈大笑："哪有石狮口里会流血的呢？"屠户是个爱开玩笑的人，当夜杀完猪后，把一碗猪血泼在石狮子口里就溜走了。天刚蒙蒙亮，樊伢子看见狮子口里真的有血，赶快回家告诉娘。娘说："快去告诉左邻右舍往山上跑！"母子二人去每家送信，等百姓都跑光了，才朝山上奔。跑到县衙门口，看见里面灯火辉煌，"活害人"还在饮酒作乐。娘说："儿啊，行个善，喊他们一声吧。"儿说："'活害人'害了多少人，莫管他们！"话刚一落音，一时天崩地裂，几丈高的水头翻滚过来，县衙转眼就不见了。儿子忙把娘背在身上，但四处无路，突然看见很大一片荷叶浮在水面，娘儿俩赶紧爬了上去。说来也怪，这荷叶将母子二人托住了，稳稳当当。这时"活害人"正在水里挣扎，大喊救命。儿子说："你害了多少百姓，今天让龙王收了你吧！"恰好一个浪头打过去，把"活害人"卷入水底喂了鱼。

从此，高唐县变成湖泊，樊家母子坐的那片大荷叶变成一个洲子，就是传说中的"沉了高唐县，浮起荷叶洲"。人们为了感谢娘儿俩的报信之恩，将大湖取名为"娘子湖"，时间长了，叫成"梁子湖"。年深月久，荷叶洲住的人越来越多，逐渐形成了今天的梁子镇，也叫梁子岛。

了 不 起 的 非 遗

LIAOBUQIDEFEIYI

传统音乐

古琴艺术　　　　人类非物质文化遗产代表性项目

单弦拉戏　　　湖北省省级非物质文化遗产代表性项目

古琴艺术

人类非物质文化遗产

扫一扫
观看古琴艺术视频

古琴又称"琴""七弦琴",别称"绿绮""丝桐",主要体现为一种平置弹弦乐器的独奏艺术形式,也包括唱、弹兼顾的琴歌与琴、箫合奏。古琴艺术是继昆曲之后被列入联合国"人类口头与非物质遗产"的第二个中国文化门类。

琴棋书画曾是中国古代文人引以为傲的四项技能,也是四种艺术。琴乐是中国历史上渊源最为久远而又未曾中断的一种器乐形式,可考证的历史有三千年之久。"高山流水""焚琴煮鹤""对牛弹琴"等妇孺皆知的成语都出自和琴有关的典故。然而，由于琴自古是文人自我陶冶的一种雅好，很少在公众场合演奏，所以现代人对它的了解十分有限。

古琴演奏是中国历史上最古老，艺术水准最高，最具民族精神、审美情趣和传统艺术特征的器乐演奏形式。古琴长约三尺六寸五分，象征一年三百六十五天；琴肩宽六寸，象征六合；琴尾四寸，象征四时。2003年11月7日，古琴艺术被联合国教科文组织列入世界第二批人类非物质文化遗产代表作名录。

古琴演奏非常高雅，但是技艺传承不易，主要原因是我国古代使用的琴谱为"减字谱"，这种记谱法使用减字拼成特殊符号记录，左手按弦，右手弹奏，是一种只记录演奏法和音位，不记录音高、节奏的记谱法。这种古老的记谱法存在一定的传播局限性，所以我国现存的古谱大部分已成绝响，必须经过"打谱"将其恢复成可以演奏的音乐，才能传承下去。

代表人物

　　丁承运，古琴艺术国家级代表性传承人。
1944年出生，早年师从古琴大师顾梅羹与张子谦
先生，其琴风苍古遒逸，儒雅蕴藉，气象高远，
--派灵机，运指如行云流水，于中正和平中寓雄
浑磅礴之气，是我国当代最有成就的琴家之一。
2003年，中国古琴成功入选联合国"人类非物质
文化遗产代表作"，丁承运功不可没。

单弦拉戏

湖北省省级非物质文化遗产

扫一扫
观看单弦拉戏视频

　　一个人、一把琴、一根弦，能惟妙惟肖、以假乱真地模拟出人声、演唱、说白、锣鼓，甚至鸡鸟啼鸣的音响，这种表演艺术被称为"单弦拉戏"，有着"艺坛一绝"的技艺称号。

　　单弦拉戏由"三弦弹戏""三弦拉戏"演化而来。"三弦拉戏"首创者为清末北京艺人王玉峰。20世纪20年代，15岁的顾伯年拜在苏州流浪的北方盲艺人玉春普为师，学习三弦弹戏、三弦拉戏。在多年的从艺生涯中，顾伯

三弦拉戏创始人顾伯年

赴朝慰问团顾伯年、顾耀宗父子在朝鲜慰问演出

年深感大三弦太长、把位过宽，表演不便，遂尝试改用小三弦。经过实践，又将三弦去掉两弦，只存一弦，"单弦拉戏"由此得名。1951年，顾伯年和其子顾耀宗将生在苏州的"单弦拉戏"带到了武汉，并扎下了根。

顾耀宗师承其父，在

琴的制作、演奏技巧、演奏曲目等方面进一步改进发展，形成一弓一弦一指的独特演奏艺术，演奏时换弓较快，上、下把位灵活自如，演奏音域和音量扩大，音色较为明亮；通过单弦大幅度的"注音""滑音""揉弦"等技巧，表现人声演唱时的"运气""喷口""咬字""行腔"等效果。为适应时代的发展和当代观众需要，表演曲目由原来主要演奏京剧唱段扩展到既可模拟戏剧音乐、唱腔和人物道白，又可演奏中外民歌、名曲。

随着几代民间艺人和艺术家的不断挖掘、探索和发展，单弦拉戏已在老百姓心中生根开花，足迹遍布多个省市，也曾远涉海外。

代表人物

　　顾丽敏，单弦拉戏市级代表性传承人。1986年出生，是顾耀宗孙女，从小跟随爷爷学习单弦拉戏，多次受国家领导人接见并赴我国港澳地区和欧洲等地演出。她将单弦拉戏与西洋音乐结合，大大拓展了单弦拉戏的艺术风格和舞台表现力。2013年10月，顾丽敏和广州梅兰流行交响乐团合作，演出了第一首专门为单弦谱写的音乐作品《单指琴魔》。

了 不 起 的 非 遗
LIAOBUQIDEFEIYI

传统体育、游艺与杂技

龙舞（高龙）

国家级非物质文化遗产

扫一扫
观看龙舞（高龙）
视频

　　龙，是中华民族的图腾。我国民间自古就有春节、元宵节舞龙灯的习俗。武汉高龙起源于唐贞观时期，广泛盛行于汉阳永丰龙阳湖、江堤鲤鱼洲区域，距今已经有近1400年的历史。

　　每逢春节，永丰乡龙阳村等三个村落和江堤乡渔业村等六个村落的村民们都要舞动高龙，祈祷风调雨顺、平安幸福。

　　1999年12月，由永丰乡龙阳村高龙队、江堤乡渔业村高龙队共同组建的"武汉高龙之舞"代表团受邀进京参加中华舞龙大赛，荣获金奖第一名和首届中国民间文艺"山花奖"第一名，被誉为"双冠龙"。12月19日、20日凌晨，在天安门广场，他们为喜迎"澳门回归"尽兴欢舞，并登上八达岭长城拍摄世界文化交流专题片《相逢新世纪》。

武汉高龙造型奇特，龙头、龙身、龙尾三部分是分开的，并非连成一体。龙头呈昂扬之态，龙眼浑圆，龙嘴宽深，口含龙珠，舞动时可以滚动自如，一根碗口粗的竹竿作为立骨贯穿其间，托举起来，高达5~6米，重量一般在50斤以上，善舞者，甚至可以舞动百斤以上的龙头。龙身则是由12或13段太极八卦图形的灯节组成。

　　武汉高龙的舞法不同于其他龙灯，属于竖式舞法，场面宏大，气势磅礴，高龙龙头由4~5人主宰中心表演，轮番上场，每人包揽一两项绝活，龙头始终呈昂扬之态，变幻出叩、扫、举、抖、顶、托等多种舞技。所有灯节每轮跑动一次，穿插、游动，或圆场或半弧或平行，与锣鼓点同步，共同为龙头舞者助威。

　　武汉高龙的"开光显灵"和"升天入海"与其他民间民俗传统祭祀一样，要举行庄重肃穆的仪式。

代表人物

刘卫祥，高龙国家级代表性传承人。1977年出生，12岁拜王自力为师学习舞龙头。数十年的舞龙经历使刘卫祥积累了丰富的舞高龙经验，使叩、扫、举、托、抖、顶等舞龙绝技更加精细、惊奇、惊险。他曾多次带领渔业村高龙赴台参加文化交流。

代表人物

李光明，高龙省级代表性传
承人。1968 年出生，10 岁师从汉
阳区永丰乡龙阳村老艺人李国望、
李之元、李志文，18 岁开始表演
高龙"口衔齿托"绝技。在龙阳
村舞高龙表演中担任主舞，为高
龙表演的革新做出了积极贡献。

武当纯阳拳

湖北省省级非物质文化遗产

扫一扫
观看武当纯阳拳视频

武当纯阳拳出自道家，相传是北五祖之一的吕洞宾在武当山紫霄峰南崖宫修行时创立的。历代武当道人延续吕洞宾的纯阳走步，逐渐形成了武当纯阳拳，到现在已经有 1400 多年的历史了。

纯阳武术属武当龙门一脉，是道家养生、健体、御敌的内家拳法。拳理上应阴阳五行之理，下行方圆八卦之象，取自然之态成天人合一之形，自古至今，在道门内为单传密授。后经纯阳拳二十二代宗师刘理航先生传于武昌人氏汪兆辉，为纯阳拳二十三代传人。汪兆辉 1986 年在全国武术大赛上演示纯阳拳获得金狮奖，始将纯阳拳展示在世人面前。

武当纯阳拳分为归丹、沉丹，聚丹、守丹，还丹、抱丹、蓄丹、静丹八部，称为"八部纯阳"，修炼贯穿于纯阳功、纯阳拳、纯阳剑三技之中。

纯阳拳具有传承脉络清晰，功、拳、剑法完整，实用性强等特点，常加练习既能健肌体，又能和谐精神。武当纯阳拳以穿缠九宫、破走八卦、安定五行为法度，通过舒展流畅的肢体动作，配合呼吸之法，将武技融于阴阳五行的变化，以外五行的运动来调理内五行的健康，完美展现了"道法自然"的道教养生哲学。其功法修炼可疏导脉络、经穴、滋润肺腑，以保精形相交、气形相合、精神相依；外运达筋骨皮以养其身，内练丹气潜发灵源达百骸，内外融为一体，阴阳合于一道，刚柔寓于一身，是名副其实的"功夫拳"。

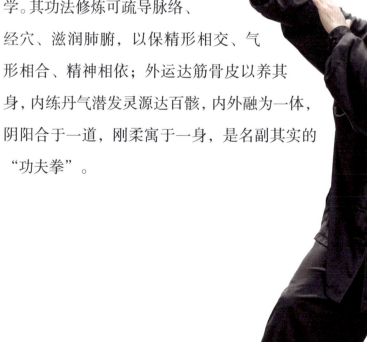

代表人物

　　汪兆辉，武当纯阳拳省级代表性传承人。1945 年出生，自幼好武，1969 年拜刘理航先生为师专习纯阳拳术，得先生亲传密授 19 年。1984 年被武当山武当拳法研究会聘为武当拳法研究会特邀研究员。1986 年参加全国武术观摩交流大会荣获国家体委颁发的"金狮奖"。先后编著了《武当纯阳秘功》《武当纯阳秘传、经脉气功》《武当纯阳拳炼养全书》等书籍，创办了"武当纯阳拳馆"。

杨氏洪门拳

湖北省省级非物质文化遗产

扫一扫
观看杨氏洪门拳视频

　　洪门拳，其源流系明末遗老们以明太祖朱元璋的年号"洪武"的"洪"字立门创立的武术流派。杨氏，指民间拳师杨香庭，洪门拳的传承人。洪门拳术风格有南北两派之分，杨氏洪门拳属于南派。

　　杨氏洪门拳是民间拳师杨香庭对前人的武术传统套路创编而成的。主要特点是形、意、气、力、声的高度统一，以力制胜，硬打直取，刚劲威猛，蓄气发声，以气催力。现在的主要传承代表人有方启雄、俞良尧等人。

　　杨氏洪门拳在武汉市及周边地区影响很大，特别是在蔡甸区大集街（大集场）杨氏传授武术之源地，先后有600余名杨氏洪门拳习练者。2008年，杨氏洪门拳第二代传人方启雄在第八届香港国际武术节上展示杨氏洪门拳六合图,以神、气、力合一,刚柔相济,技压群芳,一举获得两项冠军。

杨氏洪门拳劲刚势猛,有"洪门一头牛,打死不回头"之说。洪是宏大的意思,发五音,五音通五脏六腑,以声催力。声有噫、曜、哈、嘿、嗐,讲求吞吐浮沉,吞如鹤,吐似蛇奔,浮如鸿雁,沉入铁石。"八道手"是杨氏洪门拳的代表,打拳时讲究手眼身法步:手,就是鹰爪;掌,是四指伸直,大拇指扣住;步,是弓箭步、竖步、马步;神,指眼神。脚到,手到,神也要到,拳和手打出去要凝聚力量,腿弹出去要迅速收回。练习杨氏洪门拳,可以一招制敌,擒拿格斗,适合防身。

代表人物

方启雄，杨氏洪门拳省级代表性传承人。小时候因体弱多病，被父亲送去学习武术。冬练三九，夏练三伏，经过长年累月的艰苦训练，他的身体变得强壮起来，疾病也渐渐好转。几十年来，他修习过多种武术套路与器械，主攻杨氏洪门拳，并成为该拳种的主要传承人。

飞叉，起源于南朝梁武帝时期，已有近 1500 年历史，为少林一代禅宗初祖达摩所创，是十八种兵器中最难练的兵器。这一技艺练的是手、眼、身、法、步，能使人活动四肢，强筋壮骨，强心健肺，娱乐身心，解压消疲，还有很强的观赏性。

这种融合了武术、杂技、戏曲，以民间游艺为主要舞台的飞叉表演，自宋代开始成形。在宋代，民间有大量被称为百戏"社火""开路"的各种民俗演出活动，飞叉这样一个极具传说色彩、民俗色彩和地域文化特色的技艺便有了十分合适的生存与发展的舞台。

历经千年的演变与发展，飞叉表演大致可以分为两

大类：一类是适用于现代舞台表演的、近似于舞蹈表演的技艺，表演所用飞叉重量轻（一般不超过 5 斤），动作难度小。另一类飞叉技艺则基本上保持了创立初期的原汁原味，并略有创新，这一类表演要求飞叉重量重（可达 38 斤），常以钢质飞叉为道具，套路动作仍属于武术范畴，因此要求练习者须有一定的武术基础。

武汉市汉阳区的袁氏飞叉技艺为后一类更具传统特色的技艺。

袁氏飞叉技艺的套路主要有 20 个基本动作，72~100 余种动作变化。袁氏飞叉所用的飞叉有五种不同的重量，从轻到重依次为 6 斤、12 斤、20 斤、28 斤和 38 斤，是一项集武术、杂技和花会民俗表演于一体的中华民族传统技艺。

代表人物

袁明新，袁氏飞叉
市级代表性传承人。
1951 年出生，从小爱好
武术，11 岁师从林振飞
学习飞叉技艺，后因工
作和身体原因暂收起这

一技艺爱好，直到 53 岁退休两年后才重新拿起
飞叉，并取得了飞速的进步，先后习得 12 个套
路动作，新创 6 个套路动作。

了 不 起 的 非 遗

LIAOBUQIDEFEIYI

传统舞蹈

武汉采莲船　　　武汉市市级非物质文化遗产代表性项目

武汉采莲船

武汉市市级非物质文化遗产

扫一扫
观看武汉采莲船视频

　　武汉采莲船是湖北省武汉市传统的民俗舞蹈。传说观音娘娘坐船筹款修桥铺路，后人为了纪念观音娘娘的善举，就通过采莲船表演来赞颂，后来发展成为在重要节日以祝贺为主要内容的表演，特别是在春节期间，撑起采莲船为每家每户拜年、送上祝福。

　　作为一种传统民俗文化，采莲船的主要形式为唱祝词并夹以锣鼓家业伴奏和行船表演，一般没有乐器伴奏，可和狮子、龙灯等一起表演，气氛更加热烈。表演期间，农户人家会燃放鞭炮表示欢迎，有时还会摆阵考一考表演班子，表演人员要通过演唱破阵解题。

破阵解题的演唱往往是人们最喜欢听的段子，是采莲船表演的精华之处，也是采莲船沿袭千年的魅力所在。

采莲船一般采用竹木做成骨架，扎成船形，船身用彩色绸布包裹起来，配有流苏花边进行装饰，楼阁式船篷扎在船上，船头托起两盘莲花，船顶上盖有绸布并缀以大红绣球。采莲船的长度基本上是2.08米，裆的宽度是44厘米，寓意事事如意或者四世同堂、四喜发财。采莲船是双层的，像宝塔，宏伟高大又好看，引人注目。

原来划采莲船的是男性，现在男女都可以，音调就是一般的民间小曲，接地气，所以深受人们喜爱。

代表人物

　　朱汉生，武汉采莲船市级代表性传承人。1942年出生，自幼学艺，思维敏捷，口齿伶俐，唱功深厚，不仅能扎船，也能"划船"表演，多次在武汉市舞龙比赛中获民俗表演金奖，是武汉市江夏区金口一带小有名气的"船老大"。

了 不 起 的 非 遗

LIAOBUQIDEFEIYI

民俗

八十八行　　　武汉市市级非物质文化遗产代表性项目

八十八行

武汉市市级非物质文化遗产

扫一扫
观看八十八行视频

　　八十八行是流行于鄂东一带的一种自娱性的广场艺术，因在灯节期间演唱，又称为灯戏或灯调。八十八行大约起源于清代乾隆、嘉庆年间，盛行于太平天国时期，至今已有200余年的历史。八十八行行业众多，有表现农、林、牧、副、渔的，有反映手工业劳动的，有表演经商活动的，有宣扬神话故事的，因行业复杂纷纭，故名八十八行。八十八行剧目丰富，思想内容健康，曲调旋律优美，节奏明快；表演朴实自然，风趣幽默，具有浓郁的乡土气息和地方特色。

　　清朝末年，政治腐败黑暗，民生凋敝，人民颠沛流离，无心自唱自乐。加上八十八行组织工作浩繁，队伍庞大，人力财力难以应付，特别是半职业和职业的灯戏和花鼓戏班的兴起，几乎取代了八十八

行,致使八十八行一度中落。鄂东除新洲外,其他各县基本绝迹。

新洲八十八行大多分布在举水河以西的仓埠、孔埠、汪集、张店等镇。举东虽有,但不多见,仅顾岗巴山村尚存。八年前,道观河地区一群泥瓦匠、油漆匠、裁缝、屠夫等成立了鄂东民俗艺术团,在团长张洪文的带领下生动再现了八十八行的表演形式。

代表人物

张洪文，八十八行市级代表性传承人。1948年出生，在"八十八行"中任主角，反串茶娘，其表演诙谐、泼辣、幽默，令人捧腹，被媒体誉为"乡村梅兰芳"。几十年来，他深入基层向民间艺人学艺，向民间民俗音乐爱好者搜集、整理曲目达50多首，并在新洲道观河成立了"鄂东民俗艺术团"和"乡巴佬艺术团"。